VINCENT HARTY

CES D'ORLÉANS !

> Ils conspirent! Ignorent-ils donc qu'il
> y a encore place pour des rameurs sur
> les galères de la République.

Prix : UN franc.

EN VENTE CHEZ VICTOR BOUCHET

5, RUE LIANCOURT

PARIS-MONTROUGE

1885

CES D'ORLÉANS!

SCEAUX. IMPRIMERIE CHARAIRE ET FILS.

VINCENT HARTY

CES D'ORLÉANS!

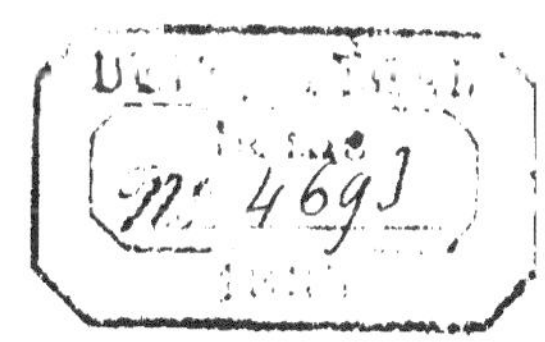

EN VENTE CHEZ VICTOR BOUCHET

5, RUE LIANCOURT

PARIS-MONTROUGE

—

1885

CES D'ORLÉANS !

Ils conspirent ! Ignorent-ils donc qu'il
y a encore place pour des rameurs,
sur les galères de la République?

Impatients, comme nous le sommes tous, dans nos aspirations, si le triomphe de nos idées ne vient pas rapidement combler notre espoir, l'esprit de désillusion nous envahit et notre enthousiasme s'affaisse.

Tel est, Français, l'indice de notre caractère.

Et pourtant, malgré ce défaut inhérent à notre nature impressionnable, le nombre en est petit, à l'heure actuelle, de ceux qui n'ont pas la foi la plus entière dans l'avenir de la patrie.

Oui, encore quelques années, et le relèvement de la France apparaîtra, rayonnant et superbe, aux regards du monde étonné.

Ces nations que notre infortune a rehaussées, ainsi que celles qui, croyant à la fin de notre race, nous ont comblés d'ingratitude et même de dédain, s'inclineront encore devant la puissance de notre intelligence et de notre génie, devant la moralité de nos actes, devant notre vertu.

Et cependant, il faut le dire, les événements, les faits et leurs résultats, au temps présent, autorisent le philosophe, l'historien à constater d'étranges singularités dans les conditions où se meut le régime démocratique auquel de gaîté de cœur nous nous sommes en majorité soumis.

Depuis sept années, et d'une manière générale, le citoyen français jouit sans contrainte d'une liberté presque sans limite. Nous aspirons, à pleins poumons, cet air vivifiant qui, peu à peu, nous rend la dignité, la force et la fierté.

On ne peut nier que chacun se sente entraîné vers des horizons qui laissent entrevoir un avenir dont les félicités morales et matérielles ne peuvent nous échapper.

Cependant, il semble encore bien loin de nous, ce but à atteindre, ce bonheur à saisir.

Il est vrai qu'en dehors de ces deux grandes œuvres : la formidable impulsion donnée à l'instruction publique et la réorganisation non moins éclatante de notre puissance militaire et de nos moyens de défense, en dehors de ces deux grands résultats qui, on peut le dire, sont l'œuvre de l'opinion publique, notre représentation nationale s'est montrée, hélas ! au-dessous de la tâche difficile que lui incombait.

Elle est si jeune encore, notre démocratie, qu'elle n'a pu donner le jour à des personnalités de trempe bien

robuste, ni à des intelligences vives et raffinées, ni sur-
tout à des génies grandioses et transcendants.

Inévitablement l'avenir nous dotera de ces hommes,
car il est d'ordre naturel que les grands principes qui
servent de base à nos institutions enfantent des générations à cerveaux plus puissants et à cœurs plus larges,
des natures plus complètes, en un mot.

En ce moment, les passionnés du bien, les ardents,
voient, avec peine, leurs vœux inaccomplis et leurs
désirs trompés.

Et, en effet, le travailleur, non seulement celui dont
le maniement de l'outil a garni les mains d'une dou-
blure de corne, non seulement celui que le labeur,
aussi utile mais plus paisible, n'astreint pas à des
fatigues matérielles considérables, mais encore le travailleur qui s'appelle chef d'usine, constructeur, manu-
facturier, entrepreneur, commerçant, ces trois personnalités de la production, qui portent la société sur leurs
vaillantes épaules, ont vu décroître leurs moyens d'existence et s'effondrer leur fortune, pendant ces dernières
années, où la crise industrielle et commerciale a sévi
avec une force et une opiniâtreté jusqu'alors inconnues.

Les deux premières ont eu faim, les secondes se
ruinent.

Où étaient donc, où sont les élus de la nation qui
devaient décréter le travail, comme leurs aînés, les grands
mâles de quatre-vingt-treize, décrétaient la victoire?

Vainement, nous les avons attendus.

Puissent les successeurs de ces indolents se rappeler que la volonté indomptable doit triompher de tous les obstacles, et qu'à eux, législateurs, incombe la tâche de suivre strictement cette immuable et suprême consigne : *Amoindrissez la misère !*

Si, de plus, nous portons ailleurs nos regards, nous voyons que, comme hier, on tripote, on agiote, on joue. Le hasard s'affirme comme un facteur important qui tend à remplacer le travail dans la lutte pour l'existence.

Ah ! qu'ils sont durs à faire disparaître les plis que nous ont laissés les monarchies !

En résumé, le pays souffre. Ses souffrances, en grande partie, viennent de ce que la vie sociale reste la même. Nous sommes encore plus sujets que citoyens.

Le pays souffre. Il est vrai qu'il solde en ce moment le compte débiteur des fautes et des erreurs passées, mais il souffre et le peuple pâtit.

Rarement, depuis près d'un siècle, ce peuple ne fut autant forcé de se restreindre dans ses besoins; rarement il n'épuisa plus à fond son peu d'épargne et son mince crédit.

Néanmoins, telle est sa foi profonde dans les institutions nouvelles que, du sein de la grande ruche travailleuse, aucune pensée amère, aucune manifestation hostile n'en vient menacer les fondements.

Il sent bien, ce peuple, avec son instinct pratique et

sa saine raison, que là est le salut quand même, que là est la vérité. Il comprend que l'ère des révolutions est à jamais fermée. En 1848, il avait trois mois de misère au service de la République; en 1885, il lui accorde un crédit illimité! Donc, malgré les efforts des ennemis de la concorde et du progrès, le virus démocratique est inoculé sans retour.

Mais dans ces conditions matérielles et forcément anormales, que nous avons citées, il n'est pas étonnant que les d'Orléans, cette famille qui, de toutes celles qui ont régné depuis quatre-vingts ans, est dans le sens vraiment humanitaire, la plus néfaste à nos yeux, cette agglomération puissante d'appétits insatiables, ce clan d'exploiteurs convaincus, cette association qui est la véritable juiverie française; il n'est pas étonnant, disons-nous, que les d'Orléans essayent de déganter leurs mains avides, pour étreindre encore une fois la France.

Aucune créature ne saurait manquer à son instinct. Celui de ces vampires est de sucer notre sang.

Nous proclamons qu'ils sont infiniment peu redoutables, mais nous sommes forcés de reconnaître qu'ils sont agaçants, ennuyeux, et que leur allure sournoise nous cause presque une irritation.

A leur contact, la nation éprouve cette sensation désagréable de l'homme sur le cou duquel court une araignée.

Cependant, l'heure présente leur semble favorable pour essayer, à nouveau, de magnétiser le vulgaire.

Il en sont aux passes.

Des agents, avoués ou inconscients, travaillent avec ardeur à accréditer chez les masses citadines et rurales une confiance qui est obstinément refusée à leurs maîtres.

Par la photographie, par la peinture, on s'ingénie à présenter aux regards de la foule ces renards travestis en lions.

Campé sur un cheval superbe, l'espoir de la lignée, quoique possesseur d'un placide visage qui rappelle un marchand de jouets de Nuremberg ou un garçon de comptoir, semble dire aux curieux :

— Contemplez César !

Ouvertement ils conspirent, ces d'Orléans.

La presse, tout entière, n'a-t-elle pas récemment signalé de réelles tentatives d'embauchage, faites par leurs séides ?

N'ont-ils pas fait tâter le pouls à des sénateurs, à des députés ? Ne cherchent-ils pas à circonvenir des fonctionnaires ?

Peine inutile, dira-t-on, efforts dépensés en pure perte. Mais ces entêtés s'obstinent ; et vouloir les convaincre de la sottise de leurs prétentions et de la vanité de leurs désirs est aussi impossible que de prouver à un cocher qu'il n'a pas le droit d'écraser les passants.

Ils conspirent !

Ignorent-ils donc qu'il y a encore place pour des rameurs, sur les galères de la République ?

Quoi qu'on ait dit, depuis plus d'un siècle, de ces Béarnais d'à côté qui, comme toutes les mauvaises herbes, ont à se multiplier une tendance excessive, il nous semble qu'on n'a pas encore fait assez rigoureusement ressortir ce que leur essence particulière a de nuisible pour le pays.

Notre intention est de cingler ces gens et de les marquer, une fois pour toutes, d'un ineffaçable cachet.

Pourquoi sont-ils ce qu'ils sont? Et qui les force, eux indignes, à vouloir passer pour d'irréprochables modèles?

D'avance, nous affirmons notre haute droiture, et nous défions le parti, en masse, princes et courtisans, de prouver que nous avons pu sortir, un seul instant, du chemin de la vérité et de l'honneur.

Nous avons la prétention d'être indiscutable.

Le duc d'Orléans, régent de France, pour commencer par l'un des aïeux de ceux que la fatalité a conservés sur notre sol, fut une personnalité des plus tristement célèbres. Réellement roi, de 1715 à 1723, il gouverna de concert avec le plus misérable coquin que, comme ministre, un ennemi acharné pût souhaiter à un monarque en vue de l'abaissement de son pays. Le cardinal Dubois, type achevé de la corruption, de la débauche et de la trahison, fut toujours l'enfant gâté de ce d'Orléans que l'historien, M. Duruy, caractérise par cette phrase : « La France avait été huit années entre ses mains; ce

« temps avait suffi pour que la révolution morale pré-
« parée pendant les dernières années de Louis XIV
« éclatât. »

Nous ajoutons que les mœurs de ce potentat furent
réellement abominables. Pendant toute sa vie, il se livra
à une débauche tellement effrénée que la honte d'une
conduite aussi ignoble suffit pour salir une descendance
jusqu'à la dixième génération.

Adolescents, ne cherchez pas à connaître ces hor-
reurs : votre pureté de cœur en resterait flétrie à jamais.

Le petit-fils de celui en qui se personnifie cette igno-
minieuse époque, à laquelle est restée le nom de Régence,
fut un autre d'Orléans, vulgairement connu sous le nom
de Philippe-Égalité.

Nous avons omis de dire que le grand-père de celui-ci
eût avec bonheur ceint le diadème si, par les hasards
de l'existence, le fil de la succession légitime eût été
rompu.

La France, heureusement, ne fut pas réduite à boire
ce calice.

Égalité hérita de son aïeul, outre la grande soif de
royauté, les passions, les goûts, les vices qui caractérisent
le libertinisme le plus éhonté.

Quand la grande révolution éclata, il se mit du côté
du peuple qui était alors le manche, et chacun sait avec
quelle mansuétude, avec quelle générosité, il traita son

cousin Louis XVI, alors qu'en sa qualité de conventionnel et de juge, par conséquent, il fut invité à donner son vote sur la peine que devait subir le roi.

Nous laissons, comme toujours, parler l'histoire.

« On appela Philippe-Égalité : il était là. S'abstenir,
« il le pouvait certainement : aussi, lorsqu'on le vit se
« lever et d'un pas ferme, le visage impassible, monter
« l'escalier du bureau, l'Assemblée demeura comme
« suspendue entre la curiosité et la surprise. Lui, sans
« qu'un signe perceptible pût faire soupçonner quelque
« reste d'émotion, caché au fond de son cœur : *Unique-*
« *ment occupé de mon devoir*, dit-il, *et convaincu que tous*
« *ceux qui ont attenté et attenteront par la suite à la sou-*
« *veraineté du peuple méritent la mort, je vote pour la mort.*

« Il regagna sa place, au milieu d'une rumeur sourde
« excitée par ce vote qu'on osait à peine prévoir.

« La Montagne la première en frémit. »

(LOUIS BLANC.)

Les Montagnards conservèrent le souvenir de ce frémissement et se dirent plus tard, après avoir deviné les menées occultes de leur collègue et après s'être bien convaincus de ses ambitieuses aspirations, qu'un particulier qui, sans y être forcé, se faisait le bourreau de son proche parent, devait y avoir un sérieux intérêt.

Accusé devant le tribunal révolutionnaire de conspirer pour devenir roi, il fut condamné, et eut la tête tranchée le 7 novembre 1793.

Cependant, tout porte à croire que, sans les circonstances particulières que nous allons décrire, cet ambitieux sans énergie n'eût pas été sacrifié.

Égalité avait en 1792-93 deux fils attachés à l'état-major de Dumouriez, général en chef de l'armée qui avait opéré à Valmy et qui continuait à maintenir l'ennemi en dehors de nos frontières du nord.

C'étaient le duc de Chartres et le duc de Montpensier.

Chartres, qu'on appelait alors le général Égalité, s'était distingué à Valmy et sa conduite à Jemmapes avait été brillante en tous points. Le général en chef avait fait le plus bel éloge de son jeune lieutenant. Il l'avait même grandi outre mesure.

Nous n'hésitons pas à reconnaître les mérites militaires du général Égalité. Nous proclamons qu'il fut brave, intrépide même, mais nous constatons, également, que dans cette armée qui vainquit à Jemmapes chaque homme fut un héros. Dampierre, Ferrand, Beurnonville, Thouvenot, etc., firent tous des prodiges. Et qui fut plus valeureux, en ce jour mémorable, que le général en chef lui-même !

Dumouriez chassa les Impériaux de la Belgique dont il resta le maître. Bruxelles, Anvers, Louvain, Liège, Bréda, reçurent des garnisons françaises.

C'était une intelligence, c'était même un génie, que

ce Dumouriez. Ses succès venaient de le prouver, mais il était démesurément ambitieux.

Déjà vieux soldat, ayant fait la guerre un peu partout en Europe, il joignait à ses grandes connaissances militaires une aptitude diplomatique profonde. Courtisan délié, homme des salons en même temps qu'homme des camps, royaliste par tempérament, il eut assez de souplesse pour se faire l'ami des Jacobins et pour gagner la confiance de la Convention. Mais, quand la victoire eut couronné ses efforts, il se raidit contre ces avocats, contre ces médecins, ces journalistes, ces robins qui composaient la grande Assemblée. Il eut des velléités d'indépendance qui firent froncer le sourcil aux Montagnards soupçonneux. Il finit par méconnaître l'autorité de ces hommes, à qui l'on devait obéir sous peine de mort.

Depuis Jemmapes, il avait conspiré contre le gouvernement de la République. Il avait cherché à se faire à Paris des partisans amis de ses projets et de ses idées. En partie il avait réussi. Son plan était celui-ci, il en a fait l'aveu : Renverser, anéantir le pouvoir issu de la Révolution et rétablir en France une royauté constitutionnelle dont le titulaire couronné eût été le duc d'Orléans ou plutôt encore le fils de celui-ci, Chartres, dont il était le protecteur et plus encore l'ami intime.

Quant à lui, Dumouriez, il se réservait la Belgique dont il voulait être le gouverneur avec le titre de stathouder.

Or, cinq mois après Jemmapes, les Impériaux avaient repris l'offensive. Ils étaient maîtres du cours de la Meuse depuis Maestricht jusqu'à Liège. Avec cinquante-cinq mille hommes, ils attaquèrent, à Nerwinden, l'armée française forte seulement de trente-deux mille soldats.

Dumouriez fut battu.

C'était le 18 mars 1793.

Ne voulant pas abandonner ses chères espérances, il se décida à la trahison et, le 22 mars, il avait avec le colonel autrichien Mack, prévenu de la veille, une entrevue dans une maison située sur la Montagne de Fer. Il y tint avec cet officier une conférence secrète dont le résultat fut que l'armée française ne serait inquiétée par les Autrichiens, dans sa retraite, qu'autant qu'il faudrait pour couvrir la connivence des généraux.

« Après l'évacuation de Bruxelles, dit Dumouriez dans ses Mémoires, on devait se revoir pour convenir des faits ultérieurs. »

Le 27, cinq jours après, nouvelle entrevue à Ath, avec le même colonel Mack.

Là fut conclu le pacte avec l'ennemi !

Là fut cimentée, par de solennelles promesses, de part et d'autre, cette trahison sans exemple et sans précédents, qui empruntait le coutelas de l'Autriche pour égorger la France.

Voici ce qui fut arrêté, ainsi que, cyniquement, le vieux soudard Dumouriez le raconte lui-même.

Il apprit à Mack que son projet était de marcher sur Paris, pour y écraser le jacobinisme, détruire la Convention nationale et procéder ensuite au rétablissement de la monarchie constitutionnelle.

A cet effet, l'armée française devait rester pendant quelques jours encore sur la frontière, occupant une ligne allant de Mons à Tournay et à Courtray, sans être inquiétée par l'armée impériale qui devait ensuite marcher comme auxiliaire, sauf à ne pas avancer si son secours n'était pas nécessaire, et à accepter, dans le cas contraire, la direction du général français qui se réservait d'indiquer, alors, le nombre et l'espèce de troupes dont il aurait besoin.

Il fut de plus convenu que la place de Condé resterait aux mains des Autrichiens jusqu'après la guerre, et que les autres places où leurs secours auraient été requis recevraient garnison, composée par moitié de troupes françaises et de troupes autrichiennes.

Qu'il se lève, l'homme issu de n'importe quelle patrie, s'il veut nous prouver qu'il y a dans l'histoire quelque chose de plus monstrueusement abominable !

Les généraux *Chartres*, Valence, Thouvenot et le colonel Montjoie, assistaient à cette séance !

Mais la grande Assemblée qui était l'âme de la France avait été mise en éveil. L'armée flairait dans l'air une

odeur de crime. Une sombre méfiance envahissait les
cœurs, et le front des soldats de la liberté se couvrait
de ces plis qui annoncent que l'amertume est entrée
dans l'âme.

Le 31 mars, six volontaires du troisième bataillon de
la Marne, reçus dans la tente du général en chef, le con-
jurent de se conformer aux lois, lui affirmant qu'ils l'im-
moleraient sans pitié, s'il méconnaissait les ordres de la
Convention. La réponse qui fut faite à ces austères et in-
flexibles patriotes fut probablement loin de les satisfaire ;
car, spontanément, ils tirèrent leurs sabres et se préci-
pitèrent sur le traître. Il n'échappa à leur fureur que grâce
à son homme de confiance, Baptiste Renard, qui veillait.
Renard se jeta entre eux et son maître. Ses cris attirèrent
la garde. On garrotta les volontaires qui furent livrés à
l'ennemi.

Mais le bruit de la trahison se répandait partout. Deux
tentatives faites par Dumouriez sur Lille et sur Valen-
ciennes échouèrent. Les garnisons de ces deux places en
fermèrent les portes au renégat. Il lui restait l'espoir de
mettre la main sur Condé.

Le 2 avril, au quartier général de Saint-Amand, arri-
vent, accompagnant Beurnonville, ministre de la guerre,
les quatre commissaires de la Convention, Camus, Lamarque, Bancal et Quinette. Ils étaient porteurs d'un
décret qui enjoignait au général en chef de se rendre

à Paris pour comparaître à la barre de l'Assemblée.

Dumouriez était au milieu de son état-major. *Chartres*, Valence, Devaux, etc., l'entouraient. Camus lui communiqua l'ordre dont il était porteur.

— Voulez-vous obéir au décret de la Convention? répétait sans cesse ce dernier au général qui éludait à plaisir cette question suprême.

L'attitude de messieurs de l'état-major était menaçante.

Enfin, après une longue discussion, à dessein prolongée par Dumouriez, Camus renouvela son injonction.

— Vous connaissez le décret, dit-il. Voulez-vous vous y soumettre?

— Non! répondit alors Dumouriez.

— Général, poursuivit Camus, vu votre désobéissance, nous vous suspendons de vos fonctions.

Suspendu! Ce cri vola de bouche en bouche et provoqua les murmures et les menaces des officiers...

— Allons! s'écria enfin Dumouriez, il est temps que cela finisse. Lieutenant, appelez les hussards.

Vingt hussards de Berchigny entrèrent!

— Arrêtez ces messieurs! leur dit-il en allemand, car tous ces hussards étaient des hommes d'outre-Rhin.

Les cinq représentants de la France furent immédiatement appréhendés au corps.

Le soir même, ils étaient en marche pour Tournay où ils furent livrés à l'ennemi.

Et, dans un congrès tenu à Bruxelles quelques jours après, par les potentats de l'Angleterre, de l'Autriche et

de la Prusse, on traitait les membres de la Convention de
misérables, et il était dit à propos de Beurnonville, de
Camus, de Bancal, de Lamarque et de Quinette : « Quel-
« ques-uns de ces détestables régicides sont déjà dans le
« cas de pouvoir être soumis au glaive de la loi. »

Quel outrage plus sanglant pouvait être fait à un
grand peuple !

Enfin, le 4 avril, Dumouriez partit de son camp de
Saint-Amand, accompagné de *Chartres*, de Thouvenot
et de Montjoie. Il avait rendez-vous avec le prince de
Cobourg, l'archiduc Charles et le colonel Mack, à qui il
espérait livrer Condé.

Sur la route il rencontra trois bataillons de volontaires
qui avaient quitté le camp avec armes et bagages et se
dirigeaient sur cette ville.

Grand fut l'étonnement du général en chef ! Il s'écarta
alors du chemin et se disposait à entrer dans une chau-
mière voisine pour écrire un ordre intimant à ces troupes
de revenir au lieu d'où elles étaient parties. En ce moment, le cri de : Arrête, arrête ! se fait entendre. Dumouriez comprend que c'est à lui que ce cri s'adresse. Il saute
sur un cheval et s'enfuit à travers champs. Chartres, très
agile, se sauve à pied. Une fusillade nourrie est dirigée
sur les fuyards. Le traître a un cheval tué sous lui. Il en
monte un autre qu'on lui présente et parvient à s'échapper,
ainsi que Chartres et les deux autres officiers.

Six personnes de la suite furent tuées. Un hasard
extraordinaire sauva seul les grands coupables.

De ces trois bataillons de volontaires, l'un, le plus acharné, était du département de l'Yonne, et avait pour commandant Davoust, depuis maréchal de France.

Le soir du 5 avril, Dumouriez n'avait plus auprès de lui que les fidèles complices de sa trahison infâme : *Chartres*, les deux frères Thouvenot, Montjoie et Barrois.

Nous en avons dit assez, dans ce récit sommaire, pour établir que la conduite du duc de Chartres eut une influence décisive sur la mort de Philippe-Égalité.

La tête de cet actif collaborateur du plus grand des traîtres fut mise à prix par la Convention. Ordre fut donné de l'arrêter, partout où sa présence serait signalée ; mais, de même que son ami, il parvint à se soustraire aux poursuites. Il vécut longtemps à l'étranger, essayant, par une existence silencieuse qui ressemblait à un repentir, de faire oublier son crime.

En 1808, il était à la cour du roi des Deux-Siciles.

A cette époque, il sembla se départir de la ligne de conduite raisonnable qu'il avait adoptée.

L'ardent désir de régner, transmis avec le sang à tous les hommes de cette race, se réveilla.

De concert avec Léopold, second fils de Ferdinand IV, il tenta de pénétrer en Espagne pour combattre les Français !

Combattre les Français !

Ne croit-on pas rêver, quand on lit cela ! Et n'est-on pas immédiatement amené à se dire que tout, dans l'imagination des gens de cette singulière et dangereuse espèce, n'est que néant, en dehors de la fortune, du pouvoir, du besoin de dominer.

Combattre les Français !

C'était pour arriver à la régence de la Péninsule que ce d'Orléans se décidait à combattre les Français. Mais l'Angleterre avait percé à jour ses intentions ambitieuses. Elle s'opposa à son entrée en Espagne.

Chartres, devenu duc d'Orléans, rentra en France en 1815, avec les hommes noirs et les émigrés. De 1815 à 1830, il fut d'une réserve, d'une discrétion, d'une prudence excessives. Rien ne pouvait faire supposer à Louis XVIII, ni au comte d'Artois, que l'idée de leur cousin était de les supplanter un jour.

Juillet 1830 arriva.

Les Bourbons aînés, avec leur trône fleurdelisé et leur défroque antique, furent culbutés. Tout vola en éclats, sous les coups de la nation écœurée.

L'ancien compagnon de Dumouriez touchait à ce terme tant désiré que ses savantes intrigues et son travail souterrain avaient puissamment avancé. Il n'avait plus qu'à cueillir le fruit mûr. C'est ce qu'il fit, mais avec cette humble hésitation, cette pudeur effarouchée dont, seul, un Molière pourrait exactement reproduire le piquant caractère.

« Croyez-vous donc, écrivait-il à cette vieille bigote de Charles X, que j'accepterais une couronne qui coiffe si bien votre auguste tête? Ah! sire, vous me connaissez peu. »

D'un autre côté, aux yeux des républicains qui surgissaient, armés de leurs fusils encore chauds, l'élève du vieux stathouder manqué faisait briller les états de service du conventionnel Égalité, ainsi que les siens, quand la société des Jacobins n'avait pas de secrets pour lui.

Puis, en peu de temps, et grâce à la naïveté de ce bon public, pour qui c'était tout d'avoir secoué le joug répugnant des émigrés et des calottins, il donna le coup de pouce à la branche aînée agonisante, fit boire un bouillon artistement assaisonné au parti de la République et resta seul en évidence.

On vit alors, spectacle unique, Bertrand, grave et convaincu, tremblant d'émotion quoique animé d'un enthousiasme superbe, s'écrier avec des larmes dans les yeux, en montrant Robert-Macaire :

— Voilà la meilleure des Républiques !

L'homme qui, en 1793, avait fait marché de son pays, avait montré aux étrangers les sentiers qui mènent au cœur de la patrie ; celui qui avait voulu livrer Condé, fait arrêter les représentants de la nation et les avait jetés dans les griffes de l'ennemi ; celui qui, en 1808, ceignait son épée pour combattre les Français en Espagne, cet homme était arrivé, en 1830, à se faire nommer roi des Français !

Mais, dira-t-on, pourquoi fut-il accepté comme souverain? Ah! c'est qu'il faut bien le dire, ceux qui dans ce temps-là fabriquaient les souverains n'étaient guère méticuleux; ils n'y regardaient pas de bien près.

Quelle délicatesse de touche, ô bourgeoisie censitaire!

Jamais le suffrage universel n'eût fait roi un traître à sa patrie!

Nous ne nous arrêterons pas aux événements, aux faits, aux particularités qui constituent le règne de Louis-Philippe. Ce qui se dégage de cet ensemble ne comporte ni l'apparence de la morale, ni l'ombre de la vertu.

Ce cri, machiavéliquement perfide : Enrichissez-vous! jeté par le premier ministre du règne aux partisans, aux soutiens de la dynastie, est un document duquel le philosophe peut déduire la vérité historique. Il est, à lui seul, toute l'époque de 1830 à 1848, socialement envisagée.

Le fils aîné de Louis-Philippe, en tant que roi, et pour ceux qui admettent ces verrues, eût mieux valu que son père. Ce dernier jugea bon, du reste, de sacrifier à la démocratie en faisant élever son rejeton avec les jeunes bourgeois ses contemporains. Au contact des fils de citoyens, simplement aisés, ce jeune homme s'était assez largement saturé de l'esprit de progrès et de liberté qui est l'apanage des générations modernes. Mieux que son père, ou du moins avec plus de franchise, il eût été roi-citoyen. Un funeste accident rompit le fil de sa destinée.

Il se tua en sautant à bas de sa voiture dont les chevaux s'étaient emportés.

Cet infortuné avait fait un testament dont le fragment que nous rapportons se rapporte à son fils aîné.

Le voici : « Que le comte de Paris soit un de ces ins-
« truments brisés avant d'avoir servi, ou qu'il devienne un
« des ouvriers de cette génération sociale qu'on n'en-
« trevoit encore qu'à travers tant d'obstacles ; qu'il soit
« roi ou qu'il demeure défenseur inconnu d'une cause à
« laquelle nous appartenons tous, il faut qu'il soit, avant
« tout, un homme de son temps et de la nation, serviteur
« exclusif de la France et de la Révolution. »

Ce d'Orléans était certainement le meilleur de tous et bien des gens diront que c'est dommage qu'il soit mort.

Nous ne discutons pas là-dessus, nous autres, mais, d'après notre façon honnête d'interpréter les lignes citées plus haut, il nous semble impossible que le comte de Paris ne voie pas chaque nuit, dans ses rêves, son père lui criant impitoyablement :

— Fils, rends les millions !

Le vigoureux coup de balai de 1848 lança le duc de Chartres, général Égalité, duc d'Orléans, Louis-Philippe, par-dessus la mer de la Manche, jusqu'en Angleterre, où en peu de jours il se trouva transformé en comte de Claremont. Il mourut dans cette île, chargé d'années ainsi que de pièces d'or et d'argent dont un grand nombre à son effigie, ce qui dut lui être une consolation.

Enfin, après la seconde République, après l'Empire
et nos irréparables désastres, un ancien serviteur de ces
d'Orléans, espèce de Frontin mâtiné de Bilboquet, mais
fort intelligent, ma foi, devint le premier magistrat de
notre nouvelle démocratie.

Toute la famille de ses anciens maîtres était revenue,
épanouie et heureuse quand même, malgré nos malheurs,
se prélasser sur le sol de notre patrie bien-aimée. Non
seulement ces frelons, que rien ne gênait alors, se mon-
traient plus fiers que des abeilles, mais encore leurs
partisans, que la nation affolée avait fait sortir des retrai-
tes où depuis vingt ans ils se tenaient enfermés, composaient en notable partie l'Assemblée du jour de
malheur.

Telle était la situation politique en 1872.

Un général en chef coupable d'avoir capitulé avec une
armée de cent cinquante mille hommes, Bazaine, maréchal de France, devait être jugé par un tribunal extraordinaire.

Comme tout le monde nous avons anxieusement suivi
les différentes phases de cette cause célèbre. Nous avons
cherché à nous rendre philosophiquement compte de ce
grand acte si répréhensible et si déshonorant, mais nous
sommes restés étonné que l'accusé n'ait pas cru devoir
parler en ces termes aux juges qui tenaient sa vie entre
leurs mains :

« Messieurs! J'ai rendu à l'ennemi une grande armée

« avec ses armes et ses bagages, j'ai causé la ruine et, ce
« qui est pis, le déshonneur de mon pays. Je suis un
« grand coupable ! Prenez ma vie ; rien, maintenant, ne
« peut me la faire regretter. Mais laissez à un militaire,
« condamné à l'avance, l'espoir d'alléger le poids de sa
« conscience trop chargée de remords. Écoutez-moi.

« La terrible infortune qui m'accable a détruit le
« grand orgueil dont, par malheur, m'a doué la nature.
« Je m'humilie sincèrement devant mes concitoyens, Je
« suis coupable, mais je ne suis pas un traître.

« L'ambition, une fausse entente des vrais intérêts de
« la patrie, m'ont poussé à abandonner ceux qui, en
« réalité, étaient les véritables représentants de la France.
« J'ai cru longtemps pouvoir rester le maître de mon
« armée, j'ai cru qu'il m'était réservé de la rendre intacte
« à la dynastie dont je me voyais déjà le premier et le
« plus ferme soutien. C'est parce que mon imagination
« était pleine de ces idées faussement patriotiques que
« je suis resté inactif, quand j'aurais pu être fou-
« droyant.

« Oh ! combien je donnerais d'existences, si je les
« avais, pour que ces événements pussent se recom-
« mencer !

« L'ennemi, dans ces circonstances, je n'hésite pas à
« le dire, semblait m'encourager dans mes projets, en
« me laissant espérer cette solution désirée. Je fus habi-
« lement trompé par les princes allemands et, quand je
« m'en aperçus, il était trop tard. Il fallut se rendre à
« merci. Je demande pardon à la France d'avoir confondu

« l'Empire avec la patrie! Je suis un grand coupable,
« mais, encore une fois, je ne suis pas un traître!

   « En 1793, Dumouriez, un chef d'armée comme
« moi, Dumouriez, fit un pacte avec les Autrichiens;
« il obtint, de ces derniers, d'unir leur armée à la sienne
« et de marcher sur Paris pour renverser le gouverne-
« ment d'alors et châtier les Français. Il devait livrer à
« ses alliés une place forte, Condé. Il fit saisir les repré-
« sentants du pays et les livra à l'ennemi. Celui-là était
« vraiment un traître. Mais moi, non, jamais. Cela n'est
« pas, et je rougis en songeant que ce titre infâme pour-
« rait rester attaché à mon nom.

   « Et maintenant tuez-moi. Débarrassez-moi d'une
« existence qui m'est affreusement à charge...

   Bazaine avait-il autre chose à dire pour sa défense?

   Non, car il eût dit la vérité.

   Il évoquait l'image de la profonde scélératesse de
Dumouriez et la comparaison de ses fautes avec l'acte de
brigandage de ce bandit forçait les juges, non pas à
l'absoudre, mais du moins à ne pas l'avilir.

   D'une telle façon de se défendre fût certainement
sorti un enseignement, un exemple, un résultat plus con-
forme à la stricte vérité et à la vraie morale.

   Et de plus, est-ce que le nommé d'Aumale qui, par
une circonstance inexplicable, présidait cette haute cour
de justice, n'eut pas senti, lui, fils du général Égalité, que

sa place n'était pas là où l'on juge les accusés de haute trahison ?

Nous arrivons maintenant à cette époque plus gaie où la fusion des deux branches de la famille des Bourbons semblait, aux yeux des d'Orléans, arrivée à son point de complète maturité.

Le testament de l'infortuné qui malheureusement se tua en 1842 traçait au fils aîné une voie honorable, la seule, certes, qui fût acceptable pour un prince sensé et imbu du respect humain.

Mais, non, il y avait de par l'Europe un pauvre hère qui, ne possédant que la moitié de la cervelle d'un homme ordinaire, était en proie à la douce manie de se croire le seul roi que décemment la France pût accepter un jour.

Dès sa plus tendre enfance, ce comique monarque avait eu pour pères nourriciers messieurs de la Compagnie de Jésus, et pour compagnons de récréation un lot de marquis de Carabas et de ducs d'Autrechose des mieux réussis.

Adolescent, les premiers furent ses conseillers et les seconds ses courtisans.

Et, quand il eut atteint l'âge mûr, jésuites et gentilshommes manœuvrèrent ensemble les ficelles qui faisaient parler et agir ce sire impayable, ce sire qui, jamais, au grand jamais, n'eut d'autre société que ces jésuites et ces

marquis, ni d'autre compagnie que ces ducs et ces révé-
rends pères.

Qui l'eût pu penser? C'est devant cette apparence,
devant ce semblant de Majesté, tout mastiqué de scapu-
laires et tout ornementé de chapelets, c'est devant ce
réjouissant bedeau qui croyait sérieusement posséder le
bon Dieu dans sa manche et avoir droit aux plus douces
faveurs de la sainte Vierge, que le Benjamin de l'orléa-
nisme, que le flambeau de la branche cadette est venu
courber sa tête peu altière.

Quelle pitié!

Peut-on rêver une platitude plus complète, un abaissement plus profond!

Quand on pense que la sottise humaine continue, par
habitude, il est vrai, à affubler du nom de princes ces per-
sonnages sur qui la grandeur n'a jamais projeté un seul
de ses rayons, et qui considèrent la dignité comme une
parure superflue!

Comme on voit bien que les millions de ces gens-là
sont leur seule auréole! Comme on sent que, si demain
ils en étaient privés, ils se placeraient, d'instinct, dans le
rangs inférieurs que peuple la foule servile!

Nous en avons fini avec ces faux bonshommes qui ne
craignent pas de remettre en jeu cette question si vieillie
de la royauté.

Que n'ont-ils, comme nous, pu apprécier de quelle

façon le peuple envisage les conséquences d'une restau-
ration !

«Si par une circonstance extraordinaire, si par un fait
inouï et incompréhensible à l'heure actuelle, un souverain nous était imposé, nous disait tout récemment un
ouvrier, il n'y aurait pas assez de recoins obscurs pour
nous réunir et nous organiser en conspirateurs incorrigi-
bles et impitoyables. Il n'y aurait pas assez de dynamite
pour faire sauter, avec le trône, tous les courtisans et les
plats gueux qui en seraient les adulateurs et les soutiens! »

Méditez bien cela, princes, que consume l'attente.
Méditez, lépreux de toutes les cours, galeux de tous les
régimes, chevaliers de toutes les industries et de toutes
les aventures, ainsi que vous, niais de toutes catégories
et nigauds de tous volumes.

Méditez, lièvres qui broutez à la rente d'État et qui
pâlissez d'effroi quand les anarchistes, au nombre d'un
demi-quarteron, proclament qu'ils vont pulvériser la
société. Méditez !

Et si après une méditation que nous vous conseillons
d'approfondir, la République vous apparaît encore comme
une pilule insupportable à vos estomacs, pénétrez-vous
cependant de cette vérité : c'est que vous l'avalerez quand
même.

Sceaux. Imp. Charaire et fils.

DU MÊME AUTEUR :

SOUS PRESSE

LE TRIOMPHE

DE

COQUILLARD

PAMPHLET POLITIQUE

DÉDIE AUX ÉLECTEURS

L'HISTOIRE

D'UN

ANARCHISTE

Étude de mœurs sociales contemporaines.

SCEAUX. — IMPRIMERIE ET STÉRÉOTYPIE DE CHARAIRE ET FILS.